JN410569

# 애벌레의 꿈

김윤경 시집

문학의전당 시인선
368

# 애벌레의 꿈

김윤경 시집

문학의전당

## 시인의 말

서툰 감정, 서툰 표현들로
내가 느끼는 세상 모든 아름다운 것들을
담아낼 순 없지만,

그래도
가능성은 갖고 가겠습니다.

2023년 9월
김윤경

## 차례

## 제2부

## 제3부

# 제1부

# 약

어릴 적
식탁 위에 쌓여 있는 약봉지를 보고
약이 먹고 싶어서
아무리 아프다고 꾀병을 부려도
알아주지 않는 엄마가 미웠다
그 꾀병이 무럭무럭 자라
어느덧
자연의 순리를 조금은 알아갈 나이가 되어서
아무리 아프다 힘들다 외쳐도
알아주는 사람 없고
식탁 위에 약봉지만 자꾸 쌓여 간다
내외하듯
약봉지 속의 약들은 여전히
불친절하고

## 말할 수 없는

차마 말할 수 없는
무렵이 있었다

그 무렵에
그립다는 말 차마 내뱉지 못하고 꽁꽁 싸매두었던 마음을
그림에 담았다

소일거리였고
소풍이었고
회한이었으며
미련이었던

아버지 손때가 묻은 펜을 잡았다
붓을 잡았다

차마 말할 수 없는
무렵이었다

아버지의 아버지에 의한 아버지를 위한
무렵이었지만

그림은 끝내
붓을 건너가지 못했다

## 항해자

작은 개울가

나뭇잎 위에 올라탄
개미 두 마리

한 마리가 외롭지 않도록
한 마리가 두렵지 않도록

서로의 꽁무니를 물고
놓지 않는다

## 얼음 각시

사르르 사르르 녹아내리는
창문 위 얼음별

밤새도록 창문에 그림 그린 얼음 각시는
어디로 갔나

뜨거운 입김에
부끄러워 몸을 숨겼나

주르륵 흘러내린
눈물방울 자국만 남겨놓고

차갑고 아름다운 얼음 각시는
어디로 갔나

## 애벌레의 꿈

발이 있어도 걸을 수 없고
손이 있어도 잡을 힘이 없고
목소리는 있어도 말할 수 없는
나는 작은 애벌레입니다

꼬물딱꼬물딱 엉덩이만 밀어도 마냥 행복하고
마주 보는 동작 하나만으로도
설익은 노랫가락에도 웃음이 터져 나오는
나는 흥겨운 애벌레입니다

아주 조금 엉덩이 쳐들고
손가락에 힘을 줘 책장을 넘기면
책벌레가 될 수도 있는
나는 행복한 애벌레입니다

화려하지 않아도 좋고
함께 있어 기쁨 되어 좋은,
낯설고 두려운 시선 넘어

한껏 두 팔 벌려 바람이 되고픈
나는 날고픈 애벌레입니다

# 이미와 아직 사이

이미와 아직은
도착하지 않은 종교

이미는 교만하지 않고
아직은 겸손하기만 해서

이미와 아직 사이는
멀고

이미 나는
아직 나를

잘 모른다

## 태업

모자 하나 눌러쓰고
가방 속에서 종이 한 장과 연필 하나를 꺼낸다

내 발길 닿는 곳이
내 마음 머무는 곳이기에

두 눈 부릅뜨고
멀리서 다가오는 사람을 그려본다

종이 위에 연필
연필 위에 종이

사람 위에 사람을 그리려고 했더니
종이도 연필도
태업이다

# 내 마음속 민화

백지 위로 검은 먹선 한 가닥이 지나갈 때마다
나무에 꽃이 피고, 새가 날아간다

그 옛날
용안을 그리고 풍속화를 그리던
도화선 화공들 손길처럼
내 마음에도 색색의 꽃이 피고 지고
새가 날고

툇마루 끝 풍경 소리를 화선지 위에 앉히고
먼 데 산을 끌고 와
바위를 세운다

산문(山門)에 드는 그림자 하나 둘
얼굴을 그릴까 말까
붓끝에 인정(人情)을 둘까 말까

여백에 빠져서

새의 눈치나 살피고 있는
내 마음속 민화

## 달팽이

제 살 집을 등에 지고
좋은 풍경과 자리에 옮겨 다니는
여행자 달팽이

느리게 걷는 게 뭔지
느림의 미학이 뭔지 보여주겠다는 듯

배춧잎 한 장을 건너가는 데
반나절이 걸린다

# 기다림

한 달째 이러지도 저러지도 못하고
캔버스와 씨름하는 나

생각이 복잡할수록
마음이 급해질수록

붓끝이
천릿길보다 멀게 느껴진다

# 기표들

커피숍의 기표는
커피

사람들은
서로에게 무슨 말을 쏟아놓는지도 모른 채
기표를 잃어가고

등지고 들려오는 많은 말들이
창밖 꽁꽁 언 호수를 응시하는 내 귀를 스치고
공중분해 된다

커피잔이 식어가는 동안
기표도 식어간다

공중에 흩어지는 나뭇잎들은
겨울나무가 흘린 기표

나뭇가지에 매달린 잎새는 아직

기표를 모르고

겨울 햇살 아래
부지런히 산책로를 돌고 있는 사람들은
기표를 찾아 달린다

# 세상에서 가장 무서운 것

사람 속 알 수 없다
도무지 알 수 없다

남의 마음을 헤집고 등치고 속이는
거짓 가득한 세상을 원망하며
남을 이간질하는 사람을 보노라면

세상에서 가장 무서운 것이
사람이라고 하던 엄마의 말이 새삼 가슴에 와 닿는다

결국
두 손을 들었다

세상에서 가장 따스한 것이
사람이라고 믿었던 내 어리석음을 탓하기엔

나는 이미
너무 늦었다

세상에서 가장 무서운 것을 버리기 위해선
나부터 버려야 한다는 것을
너무 늦게 알았다

오늘 밤은
무개념 속에 그대를 흘려보내며
무념 속의 나를 바라본다

## 눈물이 왔다

열흘 넘도록
강풍 속 큰 산불

나무도 울고
사람도 울어

봄보다 먼저
눈물이 왔다

# 백지

한울이 내려다 준
첫눈

내 사랑의 첫 페이지

함부로 쓸 수 없는
내 인생의 서막

## 커피콩과 작두콩

커피숍에서
모두가 캄캄한 커피에 빠져 있을 때
나 홀로
보온병에 담아온 작두콩차를 마신다

눈치도 함께 마신다
캄캄한 시선도 함께 마신다

커피도 콩이고
작두콩도 콩

볶고 덖는 것도 같고
뜨거운 물에 우리는 것도 같은데

로스팅된 커피를 마시는 것은
세련됨으로 간주하고
작두콩차를 마시는 것은
구시대적인 것으로 간주한다

차별이 아닌
다름을 인정받기가 왜 이리 힘든가

커피콩은 작두콩을 미워하지 않는다

## 삶

이것은 오지 선다형 객관식이 아니다
이것은 생각을 직접 기술하는 서술형이다

순서도, 배열도 알 수 없지만
태어나 호흡하면서부터
이 땅 위 소풍을 끝내는 마지막까지
써 내려가야 하는 숙제이다

이것은 명사가 아니다
이것은 끝없이 방황하고 고뇌하며 몸으로 부딪쳐야 하는
살아 숨 쉬고 호흡하는 동사이다

오늘도 나는
누군가 나를 불러주는 명사로
아무도 알 수 없는 거대한 움직임의 동사로
산다

우리의 삶을

명제화된 사고로 논할 수 없는 이유 또한
살아 움직이는 동사이기 때문이다

# 한 걸음

병원에서는 이상이 없다고 한다
그럼에도
다리 근력은 1도 뵈지 않고
아이는 제자리에 서는 것조차 엄두를 내지 못한다

해가 바뀌고
스스로 서고자 하는 욕심이 생기나 싶더니
한 걸음 한 발자국
겨드랑이 밑에 손을 낀 교사와 함께
걸음마를 한다

아이가 내딛는 첫걸음이
달나라에 착륙한 암스트롱의 걸음보다
더 위대해 보인다

한 걸음이란 그런 것이다

# 제2부

# ING

이 땅 위 짧은 순간이
회피로 이어지지 않기 위해

나 자신
부끄럽지 않게 살고 있다고

내일 하루도
당당해지겠노라고

잘 살았고
잘 살고 있다는 말이
특효약이 될 수 있게

오늘도
ING

## 볼링공 놀이

데구르르르 공을 굴려 선생님이 세워놓은
6개의 볼링핀을 향해 던지며,
콩닥이는 심장 누르고
조용히 핀들의 댄스 대회를 본다

쿠루루 쿠뤄르르
굴러간 공들의 빠르기대로
볼링핀이 보여주는 댄스의 속도

친구는 춤추는 볼링핀을 세 개나 잠재우고
나는 공과 같이 춤추던 핀 하나 간신히 잠재웠다

촤루로 촤르르르르
공 굴리는 상기된 모습들을
휴대폰에 고스란히 녹아 담고 계시는 선생님의 눈망울과
우렁찬 기합 소리는 각기 다른 댄스를 보이며 여전히 진행 중이다

볼링핀과 공이 보여주는 무지막지한 댄스 대회는
설렘과 엇박자인 몸으로 얼굴만 빨갛게 상기시킨다

데구르르르 쿠루루루루 촤루루루루

# 어항

엄마가 사온 어항 속 구피들은
무슨 생각을 하며 저리 바쁜 걸까

작은 꼬리와 뻐금대는 입술로
무슨 이야기를 하길래
쉴 새 없이 꼬리를 흔들어대는 것일까?

무슨 말을 들어 달라는 걸까

새끼를 낳는다는 구피는
울 엄마처럼 어떻게 아기를 낳아 키우려나?
어항 속 구피들이 새끼를 낳으면
나는 할머니가 되는 건가?

엄마가 사온 구피들은 오늘도 떼 지어 대화하다
여유로운 수영 솜씨를 뽐낸다

# 히어로

목을 감싸는 파란 보자기 펄럭이며
옥상 난간 사이를 휘젓고 돌아다니는
나는야 슈퍼맨

옥상이 마주 닿는 철수네 장독대를 지나
여기서 폴짝 저기서 폴짝
TV 속 영웅이 내가 되고, 내가 TV 속 영웅이 되는
옥상 위 무질서를 바로잡는
나는야 슈퍼걸

새로운 영웅의 등장에 놀란 복실이가 깡깡대고
닭장 속 꼬꼬들도 두 팔 벌려 환영하고
파랑, 빨강 보자기가 전투복 되어 휘날리면
온 세상이 환호성을 지른다

너는 파란 슈퍼맨
나는 빨간 슈퍼걸
우리는 천하무적 히어로

## 치료 감옥

창문도 없고 환기도 없는 1.25평 남짓한 치료실 섬에
발달지연아들이 헤엄을 친다

ADHD아동을 문제아라 낙인찍은 세상 편견 속에서
30도 넘나드는 창 없는 치료실로 밀려온다
오늘도 치료실은 열섬을 이룬다

1.25평 열섬을 3~4명이 알뜰히도 잘 나눠 사용한다

의성어 표현하느라 시끄럽다며
열섬 문을 닫고 가는 K
더위로 폭발 직전이라 섬을 개방해두면
어느새 아이들의 소리가 시끄럽다고 문을 닫아버리는 K와의 기 싸움은
언제나 K의 승리로 돌아간다

언어 표현을 소리 지르기, 울기로 표현하는 아이들의
자폐스펙트럼

1.25평 치료실에 오늘도 장애아 3~4명을 밀어 넣는 K를 바라보며
긴 한숨만 나오는 날

더운 열기가 훅훅 가슴을 비집고 들어와
아이들의 호흡과 내 호흡이 아열대 속에서 춤을 춘다

# 겨울방학

밤이 낮보다 길어진 겨울

온종일 엄마를 기다리다 지쳐
쓰러져 자는 날이 많다

학교에 가고 싶다

나는
밤이 긴
겨울이 너무 싫다

# 무제

삐이삐이익
휴대폰에서 미세먼지 경보음이
울린다

겨울바람 잠잠해진 산책로 따라
봄 내음 맡으러 나왔더니
떡하니 찾아온 불청객

불청객이 주인 되고
먼지가 주인 되는 세상

어디로 가면 되냐고
먼지에게 물어볼까?

## 저녁노을

세상을 하루 종일 비추던 해가
피곤해 쓰러지려나?

하루 일과가 너무너무 힘들어
아빠처럼 술 한 잔 먹고
기분 좋게 얼큰해진 걸까

하늘 문 닫을 시간에
벌겋게 성내며
온 하늘 붉게 물들이는 해

오늘 아빠는 기분이 좋아서일까
일이 힘드셔서일까
벌겋게 달아오른 얼굴로
자꾸 볼 비비신다

엄마 뺨에도
내 뺨에도

발갛게 피어오르는

저녁노을

## 연꽃

단단한 껍질 속
과묵히 세상 고민 묵고 묵어서야
꽃망울을 터트리는 너

작열하는 태양 아래
진흙탕 같은 하루 보내고 나니
더욱 그립고 설레는

향기로운 너

# 엄마를 보내며

엄마는
포근한 솜사탕 같고
늘 다가갈 수 있는 무한의 사랑이 있다고
누군가 내게 말했습니다

엄마는
지친 여름날 시원한 얼음물 같고
추운 겨울날 따뜻한 난로 같다고
누군가 내게 말했습니다

나도 그런 엄마가 있었으면 좋겠다고
나도 그런 엄마가 되었으면 좋겠다고

누군가에게 말했습니다

# 성장기

지방으로 간 아빠가
회사 대신 책상 앞에 앉아
스트레스를 접고
엄마는 복권에 진심을 연다

책상 앞에 앉은 아빠는
종일 책이랑 연애하고
출근하는 엄마 없는 집은
햇살을 가득 먹는다

책과 연애 중인 아빠와
일과 연애 중인 엄마

어른이 된다는 건

스트레스를 먹느냐
책을 먹느냐
양자 간의 선택이라

흥미롭지 않고

사춘기를 건너뛸까
나 혼자 고민을 한다

## 거울 속으로

사랑으로 가득 찬
반짝이는 눈을 가진 아이를 만났습니다

까마득한 절벽뿐인
도무지 빠져나갈 구멍조차 보이지 않는 어둠 속에서
한 줄기 빛 같은
눈이 예쁜 아이를 만났습니다

기다리지 않아도
언제나 그 자리에서 나를 사랑으로 바라봐 주는

# 봄

봄이 오면 또다시 너를 기억하고
봄이 오면 또다시 너를 잃고
봄이 오면 또다시 너를 보내고
봄이 오면 또다시 너를 그리워한다

너를 잡을 수 없기에
봄은 또 온다

## 반성

돈을 많이 벌고 싶어서
사람들의 부러움을 받고 싶어서
연예인이 꿈이라는 90% 아이들

빠르게 변하는 세상 속에
삶을 가르치고 삶의 나눔이 아닌
지식 전달의 과정으로 변한 학교엔
교사에 대한 존경심도
학생에 대한 애틋한 마음도
이미 말라버리고

천직으로 여기던 직업이
문장 대신 부귀로 가치가 변하고
빼앗고 빼앗기는 물질 앞에
화려한 현상만 요구하고
올바른 교육보다 눈에 와 닿는 학벌이 중요해지고
그렇게 세태를 기록하고

대학 입학의 좌절이 인생의 좌절인 양
삶을 던져버리는 아이들 앞에
나는 점점 부끄러운 어른이 되어가고
나는 점점 부끄러운 스승이 되어가고

# 창

눈은 마음의 창이란다

나와 마주한 아이의 눈을 보며
마음이 닫힌 아이의 창을 열어보고자 한다

말로는 표현하지 못하고
아우성으로만 의사 표현을 하는 아이

겁먹은 눈망울을 보고 있노라면
온전히 그 마음을 읽어주지 못해 미안하다

연필을 들고
종이 위에 뭔가를 그리며 웃는 아이의 모습이
그대로 창이다

# 옥수수

여름 햇살 먹고
빗방울로 영근

오늘도 땡볕 아래
모락모락
도독 토도독
입안에서 터지는

황금빛 너의 입술과 마주하는
이 여름이
참 좋다

## 희망 고문

한 번만 더 해보자
조금만 더 기다리자
한 번만
조금만

알아듣지도 이해하지도 못하는
아이들과의 실랑이는
기다림과 인내를 요하는 과정이다

울음과
고통의 몸부림과
무한한 지경

오늘도 나는
한 번과 조금의 단어로
나 스스로에게 희망 고문을 한다

아이들의 손을 잡고

기다림과 인내의 반복을 써 내려간다

세계는 넓고
아이들은 많다

# 부질없는 걱정

한파로 꽁꽁 언 호수를 보니

물속에서 자맥질하던 오리 떼가 걱정이고

수달도 걱정이고

물속에 뿌리를 박은 버드나무도 걱정이고

걱정에 걱정을 더하는 나도 걱정이고

그런 나를 걱정하는 당신도 걱정이고

# 제3부

# 우화등선

다시
애벌레가 되신 아버지

언제쯤 나비가 되실까

# 진품 인간

각양 브랜드로 휘돌아 감고
VVIP 기록해 사들인 물건들로 걸쳤다고
진품 인간일 수 없다

오천 원짜리 허름한 티셔츠 한 장
낡은 가방끈 어깨에 메고도
타인 시선 아랑곳하지 않고
자신에게 솔직할 수 있는 사람이 진품이다

한 땀 한 땀 일궈낸 장인의 명품처럼
한 움큼 한 움큼 자신에게 공들인 시간이 없다면
아무리 협상에 귀재라도 해도
짝퉁 인간이 된다

점점 진품을 알아볼 수 없는 짝퉁이 판치는 세상 속에서
진짜 같은 가짜와 가짜 같은 진짜들로
진품을 알기 어려운 세상

채우고 채워도 메꿔지지 않고
가꾸고 다듬어도 매끈하지 못하는
모난 제 성품 바라보며
진품을 갈망하며 하루를 매진하는 사람

당신이 진정 진품 인간이다

## 악연

흘러라
내 앞에 실오라기 하나 남기지 말고
흘러가 버려라

모래 알갱이조차
머물지 말고
빗줄기에 쓸려가 버려라

가서
잘 살아라
다신 오지 말아라

## 월급쟁이

당신이 비참하다 생각한다면

당신에게 목을 매고 사는 나는 얼마나 비참한 것인가

## 별

별 하나가 엄마 품에 들어와
사랑을 먹고
사랑을 하고
사랑을 완성하였다

천상의 별이 인간계에서도
아름다운 별이 되어갈 수 있음을 보여준

오늘 밤
별 하나가 지상을 떠나 천상으로 올라갔다

사랑을 주고 주고 또 주던 별이
세상 염려 내려놓고
천상의 부름 받아
여행을 나섰다

이 땅 위에 남겨둔 사랑을
아쉬워하면서도

못다 한 꿈을 완성하러 예고 없이 떠났다

밤하늘이
유독, 밝다

# 군자

공도를 몸소 실천하시고
후배양성에 진심이셨던

고단한 백성과 공감하며
마음으로 근심을 보듬어주셨던

부귀로 몸을 장식하는 것이 아닌
청렴과 검소를 본으로 보여주신

한철 화려한 꽃이 되기보다
한철 비루한 꽃이 되신

# 중앙탑

한참을 응시해야

겨우 탑신의 끝을 볼 수 있는,

# 선물 같은 하루

건강검진 결과 이상 증세가 보인다는
검사지를 받고 보니
무탈했던 일상의 모든 것에 감사한 마음이고
불평과 부정적 생각들에 대한 회개며
작은 풀꽃들까지 이쁘게 보인다

유방 조직검사를 예약해 두고
한 달간 시름 깊었던 시간들이
6개월 후 재검사를 해도 좋다는 의사 선생 말에
또 감사할 따름이다

지옥과 천국을 오가던 지난 한 달간의 내 쓰임새가
의사의 단 한마디에 적합 판정이라니……
그러나 생각해보면
나의 여생이 힘든 시간이 될지 선물 같은 하루가 될지는
마음먹기 나름

오늘도 나는

조금 불편한 몸을 이끌고
선물 같은 하루에 대한 감사를 올리며
하루를 마무리한다

## 바람이 분다

봄이 되면
나는 바람이 되고 싶다

어디에도 구속되지 않는
세상에서 가장 자유로운 여행자가 되고 싶다

당신의 마지막을 배웅하는
유일한 여행자, 바람이 되고 싶다

# 감정조절

상처가 깊어질 때
나도 모르게
마음에 구멍이 또 하나 생긴다

## 공습경보

고요한 낮잠 시간에 일어나는 긴급 공습

쉬 그치지 않는 울음이
흔들흔들 어깨춤으로 이어지고
어깨춤 진동은 어느새 다문 입으로 쉰 곡조를 불러일으킨다

민방위 훈련에 켜둔 사이렌 같은 첫 곡조가
반경을 넓혀 어린이집을 감싸 돌고 나면
후다닥후다닥 내려오는 공습 발자국이 쓱 교실 문을 밀고
들어와
동그랗게 눈뜬 나를 보고
안도의 한숨을 내쉰다

사이렌 소리와 함께 사라져 궁금해지는 아이와
사이렌이 던져준 흩어진 단어의 의미가
하나둘씩 머릿속에 내려앉는다

진동의 근원에 순순히 머리채도 내어주고

빙그레 방그레 웃음 짓는 얼굴 뒤로
꿈결같이 들렸던 사이렌 소리
공중에 흩어진 곡소리들이
벙글벙글 웃음으로 모아지고 있다

## 소망

높은 곳에 앉아보고도 싶었고
이름도 높이 날려보고 싶었다

나는 교만했다

나의 문제는 겸손이 아니라
교만을 꺾는 것이다

# 나의 실체

변하지 않아야 믿음이다

그런데 변한다
그것도 처음과 완전히 다른 모습으로 변한다

나는 내가 변한 줄을 모른다
내 모습을 사람이 만든 거울에만 비쳐보기 때문에
내 변한 모습을 알 수 없다

그러나
당신이라는 거울에 내 모습을 비추어보면
내 실체를 알 수 있다

## 본캐와 부캐

젊은이가 현자에게 질문을 했다
"직업과 좋아하는 일은 어떻게 구분해야 합니까?"

현자는 간결하게 답했다
"본캐는 직업으로 삼고, 부캐는 좋아하는 일로 삼아라"

나는 이 말을 며칠을 곱씹어 생각하다가
정말로 현명한 답변임을 알게 되었다

경제적으로 안정된 일을 본캐로 삼고,
마음속에 묵혀두고 좌절했던 꿈들을 하나씩 꺼내어 부캐로 삼을 것
잘하지 못한 일에 스트레스 받지 말고
잘못한 일은 그대로 인정하고 받아들일 것
타인의 도움을 부끄러워하지 말 것
눈치를 볼 필요도,
의식하지도 말 것

나를 새롭게 만들어
또 하나의 나를 세울 때까지
집중할 것

## 이별

죽음이 내게 다가오는 것은 두렵지 않은데
기약 없이 가족들이 곁을 떠나가는 건
왜 그리 서러울까?

연신 들려오는 부고 소식들이
얼음꽃처럼 차다

# 요셉

요셉의 인생을 묵상한다

그 순탄치 않은 과정 속에서도
신뢰는 변치 않는다

숱한 유혹 속에서도
흔들리지 않는 믿음이
그 사랑을 확신한다

사람을 두려워하지 않는
그 사랑이

그를 세웠고
그를 다시 만났다

# 문청염검신(文淸廉儉信)

죽음 없는 삶을 사나 젊음을 구하지 못해
해마다 껍질 벗는 매미가 된 티토노스

에오스에게 바치는 사랑 노래가
채 열리지 않은 아침 하늘을 가득 뒤덮는다

전 생애를 깜깜한 땅속에서 살다 나와
목 터지게 구애를 하는
열흘간

**문(文)** 머리에 갓끈 무늬가 있어 문인의 기상이 있고
**청(淸)** 천지의 기운을 품고 이슬과 수액만 마시니 청정하며
**염(廉)** 사람이 가꾼 곡식을 해치지 않는 청렴함과
**검(儉)** 거처로 둥지를 만들지 않는 검소함과
**신(信)** 때 맞추어 나타났다 사라지는 신의가 있는

매미의 생애는 언제나 옳고
뜨겁다

올여름도
아쉬움 반 그리움 반으로 채워져
귓속이 처절하다

## 카르페 디엠

가장이 되고
엄마라는 책임이 어깨를 누른다

나만의 시간은 사치였고
눈앞에 닥친 현실에
언제나 전전긍긍

노후를 버리고
우아함을 버리고
낭만을 버리고

상처가 나를 포기할 때까지

여자는 살 것이다
엄마는 살 것이다

그럼에도 불구하고

## 공중에 뜬 배 한 척

북국(北國)의 하늘 향해
까마득히 날아가는
기러기 떼

서천에 외롭게 뜬 낮달
방향타 삼아
없는 길을 내며 간다

지상에서 올려다보니
빈 배 한 척이
물 위를 떠가는 것 같다

# 구원

낮아질 수 없을 만큼 낮아져서

사람이 되었고

그 사람이 더 낮아져

바로 내가 구원을 받았다

해설

# 가능성의 시학

고영(시인)

## 1.

살다 보면 아무렇지도 않게 잊히는 '사실'이 있다. 마땅한 이유 없이, 감정의 동요도 없이 그냥 잊혔지만 되살아오는 순간 쓴물 게우듯 먹먹한 슬픔을 밀어 올리는 것, 가령 '인간은 직립보행을 하는 동물이다'와 같은 것이 그렇다. 진화의 결과라는 상식에 의지해서 의문을 제기하지 않는 것처럼 자주 그 사실의 의미를 잊어버린다. 직립보행은 우리 몸의 목뼈 사용을 변화시켰고, 나아가 선 채로 고개를 젖혀 머리 위를 쳐다볼 수 있게 만들었다. 동물로 지상에 갇혔던 시선을 하늘을 향해 열어주었으며, 천체의 운행을 관찰하면서 시간을 의식하도록 만들었다. 결국, 인간은 대낮에 깨어 있는 상태로도 꿈꿀 수 있는 존재가 되었다.

존재의 기표로서 '꿈'은 크게 두 개의 차원을 함축한다. 하나는 우리가 필연적으로 자연에 귀속한다는 점, 즉 '몸의 존재'로 '꿈'을 꾼다는 것이다. 가장 깊이 잠에 빠져든 '렘수면' 상태에도 의식과 비슷한 형태로 꿈을 꾼다는 것을 현대 뇌과학이 밝혀내고 있다. 비록 몸 안에서 일어나지만 "꿈은 영혼의 가장 깊고 가장 친밀한 성소에 있는 숨겨진 작은 문"이라고 칼 융은 정의했다. 인간은 DNA만 같은 게 아니고 무의식도 공유하고 있다는 의미일 것이다. 다른 하나는 우리가 시간의 차원을 사유하고 상상한다는 의미에서의 '꿈'이다. 우리는 언제나 '지금-여기'라는 현재에 붙잡혀 있다. 하지만 시간을 소환하는 기억과 소급하는 기대를 통해 단절이 아니라 연속하는 의식의 상태로 존재한다. 나아가 자신과 자기의 확장된 형식으로 세계를 동시에 끌어안고 꿈꿀 수 있게 된다. 모든 희망의 메시지가 여기에 근거한다.

김윤경 시인은 '시인의 말'에서 "서툰 감정, 서툰 표현들로/내가 느끼는 세상 모든 아름다운 것들을/담아낼 순 없지만,//그래도/가능성은 갖고 가겠습니다."라고 겸손한 어조로 첫 시집의 한계와 포부를 모두 밝히고 있다. 여기서 우리는 김윤경 시인이 '세상의 모든 아름다운 것들'을 포착하려는 시적 지향을 지녔으며, 거기에 닿는 방법으로 '가능성', 즉 세계로의 열림이라는 방식을 취하고자 한다는 것을 짐작할 수 있다.

발이 있어도 걸을 수 없고
손이 있어도 잡을 힘이 없고
목소리는 있어도 말할 수 없는
나는 작은 애벌레입니다

꼬물딱꼬물딱 엉덩이만 밀어도 마냥 행복하고
마주 보는 동작 하나만으로도
설익은 노랫가락에도 웃음이 터져 나오는
나는 흥겨운 애벌레입니다

아주 조금 엉덩이 쳐들고
손가락에 힘을 줘 책장을 넘기면
책벌레가 될 수도 있는
나는 행복한 애벌레입니다

화려하지 않아도 좋고
함께 있어 기쁨 되어 좋은,
낯설고 두려운 시선 넘어
한껏 두 팔 벌려 바람이 되고픈
나는 날고픈 애벌레입니다

—「애벌레의 꿈」 전문

인용 시는 이번 시집의 표제작이다. '애벌레'와 '꿈'은 시집을 지탱하는 것 같으면서도 다른 두 축을 상징한다. 문법상 '애벌레의 꿈'은 애벌레가 소유한, 품은 꿈이므로 애벌레와 분리할 수 없다. 하지만 그 꿈은 애벌레가 다른 상태, 즉 성충이 되었다고 사라지는 것이 아니라 그때 비로소 실현하고자 다시 꿈꿔야 한다는 의미에서 애벌레를 초월한다.

이 작품은 단순하지만 단단한 구조를 가졌다. 각 연은 마지막 행에 "나는 ~애벌레입니다"라는 명제를 제시한다. 제시된 명제가 아니라 이를 뒷받침하기 위해 앞에 도치된 구절들을 통해 작품은 등가의 병치가 아니라 변화를 함축한 종결 구조가 된다. 1연은 "작은 애벌레"의 상태에 대한 진술이다. '발', '손', '목소리'는 애벌레가 비록 작지만 지각하고 행동할 수 있는 모든 조건을 갖췄다는 것을 암시한다. 2연은 "엉덩이만 밀어도"에서 유추할 수 있듯이 어떤 계기에 따른 변화 가능성을, 3연은 "책벌레"가 비유하는 것처럼 내적 동기에 의한 변화 가능성을 보여주고, 이렇게 1~3연의 '가능성'이 마지막 4연에 이르러 "낯설고 두려운 시선 넘어/한껏 두 팔 벌려 바람이 되고픈" 꿈의 구체적 형상으로 빚어진다.

## 2.

자연에서 애벌레는 '알'에서 부화했고 아직 '성충'이 되지 못한 상태를 지칭한다. '과도기'라는 의미다. 과도기는 '안도와 위험'이 겹쳐지는 시기라는 점에서 매혹적이다. 모든 알이 다 부화하는 것은 아니다. 더러는 썩거나 빗물에 쓸려가 버리거나 햇볕에 타 죽거나 다른 생물의 먹이가 되고 만다. 또한, 부화는 태생적으로 주어진 한계인 껍질을 저 자신이 깨고 나와야 하는 시련이 있다. 반면에 우화(羽化)는 충분히 먹어 스스로 고치를 지을 수 있는 능력이 필요하다. 또한, 껍질과 다르게 고치는 자기를 스스로 가두는 한계라는 특징이 있다.

김윤경 시인은 이번 시집에서 '애벌레의 꿈'을 각인한 채로 한편으로 자신이 깨고 나온 껍질을 확인하고, 다른 한편으로는 자신이 짓는 고치의 가닥들을 섬세한 시선으로 살핀다.

어릴 적
식탁 위에 쌓여 있는 약봉지를 보고
약이 먹고 싶어서
아무리 아프다고 꾀병을 부려도
알아주지 않는 엄마가 미웠다
그 꾀병이 무럭무럭 자라
어느덧
자연의 순리를 조금은 알아갈 나이가 되어서
아무리 아프다 힘들다 외쳐도

알아주는 사람 없고
식탁 위에 약봉지만 자꾸 쌓여 간다
내외하듯
약봉지 속의 약들은 여전히
불친절하고

—「약」 전문

인간에게 '약'은 '낙(樂)'이고 '독(毒)'이다. 현대인에게는 더욱 그렇다. 하지만 어린 시절 '약'은 '성인(成人)'의 표지로 선망의 대상이었다. "약이 먹고 싶어서"는 단순한 모방본능이나 식탐이 결코 아니다. '엄마'처럼 되고 싶다는 은근한 바람의 표상일 뿐이다. 시인은 "어느덧/자연의 순리를 조금은 알아갈 나이가 되어서" 비로소 '약'의 "불친절"을 깨닫는다. "아무리 아프다 힘들다 외쳐도/알아주는 사람 없"이 꾸역꾸역 먹어야 하는 게 바로 약이다. 약은 세상에서 모든 존재가 '단독자'라는 것을 무섭게 확인시키는 표상이다. 시인은 여기서 "엄마가 미웠다"라는 어린 시절의 투정을 새롭게 인식하는 계기를 형성한다. "엄마는/지친 여름날 시원한 얼음물 같고/추운 겨울날 따뜻한 난로 같다고/누군가 내게 말"(「엄마를 보내며」)해 준 사실을 기억하고, "나도 그런 엄마가 있었으면 좋겠다고/나도 그런 엄마가 되었으면 좋겠다고" 희망을 품는다. 그 희망은 엄마와의 이별마저도 "이 땅 위에 남겨둔 사랑을/아쉬워하면서도/못다 한 꿈을 완성하러 예고 없이 떠났다"(「별」)라고 믿게 한다. 시인을 비로소 유독 밝은 '밤하늘'을 올려다볼 수 있는 존재로 변하게 한다.

사람 속 알 수 없다
도무지 알 수 없다

남의 마음을 헤집고 등치고 속이는
거짓 가득한 세상을 원망하며
남을 이간질하는 사람을 보노라면

세상에서 가장 무서운 것이
사람이라고 하던 엄마의 말이 새삼 가슴에 와 닿는다

결국
두 손을 들었다

세상에서 가장 따스한 것이
사람이라고 믿었던 내 어리석음을 탓하기엔

나는 이미
너무 늦었다

세상에서 가장 무서운 것을 버리기 위해선
나부터 버려야 한다는 것을
너무 늦게 알았다

오늘 밤은
무개념 속에 그대를 흘려보내며
무념 속의 나를 바라본다

—「세상에서 가장 무서운 것」 전문

꿈꾼다는 사실과는 무관하게 애벌레는 자연의 유기체로서 자기 자신보다 더 큰 범주에 포함될 수밖에 없는 여린 존재일 뿐이다. 세상은 내가 아닌 남들로만 이루어진 별개의 층위가 아니다. 시인은 지금 "세상에서 가장 따스한 것이/사람이라고 믿었던" 믿음을 "어리석음"으로 규정하고, "세상에서 가장 무서운 것이/사람이라고 하던 엄마의 말"을 기억에서 꺼내 새삼 각인한다. 시인의 눈에 비친 세상은 "빼앗고 빼앗기는 물질 앞에/화려한 현상만 요구하고/올바른 교육보다 눈에 와 닿는 학벌이 중요해지고/그렇게 세태를 기록하"(「반성」)기에 몰두한다. 또한 "점점 진품을 알아볼 수 없는 짝퉁이 판치는 세상 속에서/진짜 같은 가짜와 가짜 같은 진짜들로/진품을 알기 어려운 세상"(「진품 인간」)이 되어가고 있다. 그런 세상에서 시인은 "나는 이미/너무 늦었다"라고 탄식을 쏟아낼 뿐이다.

시인은 '이미/너무'를 붙여 사태의 심각성, 혹은 자신의 고치 짓기를 치열하게 되돌아보지만, "이미는 교만하지 않고/아직은 겸손하기만 해서"(「이미와 아직 사이」) 세상을 비난하는 데서 멈추지 않는다. "위험이 있는 곳에 구원도 함께 자란다"라는 독일 시인 F. 횔덜린의 시처럼 문제 속에 해답을 드러낸다. '반성'이라는 제목이 그렇고, '진품 인간', 즉 아직도 '진품'을 찾을 수 있다는 희망을 버리지 않는 데서 또 그러한 자세가 잘 드러난다.

한파로 꽁꽁 언 호수를 보니

물속에서 자맥질하던 오리 떼가 걱정이고

수달도 걱정이고

물속에 뿌리를 박은 버드나무도 걱정이고

걱정에 걱정을 더하는 나도 걱정이고

그런 나를 걱정하는 당신도 걱정이고

—「부질없는 걱정」 전문

세상에 '부질없는 걱정' 아닌 게 어디 있으랴, 시간이라는 거대한 지혜의 물결에 맡겨두기만 하면 모든 사건과 사태는 '자연의 순리'에 따라 해결된다. 하지만 '삶'이란 시인의 말처럼 "명제화된 사고로 논할 수 없는" 철저하게 "살아 움직이는 동사이기 때문"(「삶」)에 "한파로 꽁꽁 언 호수"를 보며 '오리 떼', '수달', '버드나무', '당신'에게 관여할 수밖에 없게 되는 것이다.

시인은 이 관여자의 자세로 "차별이 아닌/다름을 인정받기가 왜 이리 힘든가"(「커피콩과 작두콩」)라는 탄식을 쏟아내며 세상에서 자신의 고치 짓기에 분투하고 있다. 고치를 짓기 위해 시인이 뽑아내고 있는 가닥 중에 '스승', '선생님', '교사' 등의 어휘로 표상되는 부분은 그 비중에도 불구하고 묵직하고 선 굵은 울림을 형성한다.

창문도 없고 환기도 없는 1.25평 남짓한 치료실 섬에
발달지연아들이 헤엄을 친다

ADHD아동을 문제아라 낙인찍은 세상 편견 속에서
30도 넘나드는 창 없는 치료실로 밀려온다
오늘도 치료실은 열섬을 이룬다

1.25평 열섬을 3~4명이 알뜰히도 잘 나눠 사용한다

의성어 표현하느라 시끄럽다며
열섬 문을 닫고 가는 K
더위로 폭발 직전이라 섬을 개방해두면
어느새 아이들의 소리가 시끄럽다고 문을 닫아버리는 K와의 기 싸움은
언제나 K의 승리로 돌아간다

언어 표현을 소리 지르기, 울기로 표현하는 아이들의
자폐스펙트럼

1.25평 치료실에 오늘도 장애아 3~4명을 밀어 넣는 K를 바라보며
긴 한숨만 나오는 날

더운 열기가 훅훅 가슴을 비집고 들어와
아이들의 호흡과 내 호흡이 아열대 속에서 춤을 춘다

—「치료 감옥」 전문

이 한 편의 작품을 통해 시인은 아직도 그치지 않은 우리

사회의 광기, 혹은 편견의 벽을 여실히 보여준다. '감옥'이라 고밖에는 달리 부를 수 없는 열악한 현실, 또한 '세상 편견'의 불편함에 대해 길게 설명해서는 안 될 것 같다. 어쩌면 그것은 시인이 거부한 "명제화된 논리"(「삶」)로 작품의 본질을 흐리는 것이 될 수도 있기 때문이다. 주목할 점은 '아이들과 시인'이 더불어 "열섬"이 된다는 것이다. 부질없는 질문이지만 왜, 함께하려고 하는가? 그것은 시인이 "사랑으로 가득 찬/반짝이는 눈을 가진 아이를 만났"(「거울 속으로」)기 때문이고, 그 아이의 모습이 우리 모두의 모습이길 희망하는 시인의 간절함이 깃들어 있기 때문이다.

병원에서는 이상이 없다고 한다
그럼에도
다리 근력은 1도 뵈지 않고
아이는 제자리에 서는 것조차 엄두를 내지 못한다

해가 바뀌고
스스로 서고자 하는 욕심이 생기나 싶더니
한 걸음 한 발자국
겨드랑이 밑에 손을 낀 교사와 함께
걸음마를 한다

아이가 내딛는 첫걸음이
달나라에 착륙한 암스트롱의 걸음보다
더 위대해 보인다

한 걸음이란 그런 것이다

—「한 걸음」 전문

김윤경 시인은 실제인 날것의 생생한 이미지를 이미 갖고 있다. "아이는 제자리에 서는 것조차 엄두를 내지 못"하는 상황에서 "스스로 서고자 하는 욕심이 생기나 싶더니" 이내 "겨드랑이 밑에 손을 낀 교사와 함께/걸음마를" 하는 것, 인류 최초로 달에 착륙한 닐 암스트롱의 그 유명한 '한 걸음'보다 '더 위대'한 '한 걸음'을 목격한 것이다. 세상을 비난만 하는 것이 아니라 비난하고 싶을 정도로 아파하면서 바꿀 수 있다고 희망하는 것이 시인의 본래 방식인 셈이다.

## 3.

국내에 잘 알려진 프랑스 과학철학자 G. 바슐라르는 "세계의 규모와 차원을 변화시키지 못하는 꿈을 정말로 꿈이라고 할 수 있을까? 세계를 확대하지 못하는 꿈을 시인의 꿈이라고 할 수 있을까?"라는 물음을 던졌다. 세계의 규모와 차원, 확대 같은 층위는 쉽게 와 닿지 않는다. 하지만 그가 상상력 연구에 매진한 이유에는 금세 수긍할 수밖에 없게 된다. 바슐라르는 환갑을 바라보는 나이에 얻은 막내딸이 과학이라는 이름의 딱딱한 성(=모듈)에 갇히게 될까 두려워 시를 깊이 읽기 시작했다고 한다.

김윤경 시인의 고치 짓기에서 주목할 또 다른 점은 '기다림' 혹은 '여백'을 통해 꽉 차게 울리는 진동이다. '느림의 미학'을 말하기는 쉬워도 대상을 주의 깊게 관찰하지 않았다면 달팽이가 "배춧잎 한 장을 건너가는 데/반나절이 걸린다"(「달팽이」)라고 단언하기는 어렵다. 「기다림」에서는 "붓끝이/천릿길보다 멀게 느껴진다"라고 술회한다. "반나절"과 "천릿길" 모두 심리 상태를 시간과 공간의 비유로 드러낸 것이지만, 어쨌든 여기서는 '인내'라는 시인의 다른 자세, 다른 미덕이 드러나 있다.

> 백지 위로 검은 먹선 한 가닥이 지나갈 때마다
> 나무에 꽃이 피고, 새가 날아간다
>
> 그 옛날
> 용안을 그리고 풍속화를 그리던
> 도화선 화공들 손길처럼
> 내 마음에도 색색의 꽃이 피고 지고

새가 날고

툇마루 끝 풍경 소리를 화선지 위에 앉히고
먼 데 산을 끌고 와
바위를 세운다

산문(山門)에 드는 그림자 하나 둘
얼굴을 그릴까 말까
붓끝에 인정(人情)을 둘까 말까

여백에 빠져서
새의 눈치나 살피고 있는
내 마음속 민화
—「내 마음속 민화」 전문

다시
애벌레가 되신 아버지

언제쯤 나비가 되실까
—「우화등선」 전문

어쩌면 김윤경 시인이 가진 '애벌레의 꿈'은 '원고지'가 아니라 '화선지'에서 '우화등선'하게 될지도 모른다. 시인은 "다시/애벌레가 되신 아버지"를 그리워하며 "언제쯤 나비가 되실까" 자못 궁금해한다. 그때가 시인도 "나비"가 되는 순간이 될 터이다. 글이면 어떻고 그림이면 어떤가. 시인은 지금 "여백에 빠져서/새의 눈치나 살피고 있는"데 말이다. 이 "여백"이 가능성이 펼쳐질 장(場)이 될 것이고, "새의 눈치"를 살피는 일이 가능성을 구체적으로 실천하는 전략이 될 것이 자명해 보인다. 믿어 의심치 않는다.

**문학의전당 시인선 368**

# 애벌레의 꿈

ⓒ 김윤경

초판 1쇄 인쇄 2023년 9월 11일
초판 1쇄 발행 2023년 9월 18일
지은이 김윤경
펴낸이 고영
디자인 헤이존
펴낸곳 문학의전당
출판등록 제448-251002012000043호
주소 충북 단양군 적성면 도곡파랑로 178
전화 043-421-1977
전자우편 sbpoem@naver.com

ISBN 979-11-5896-609-6 03810


*이 시집은 2023년 충주중원문화재단에서 '생애최초문학지원금'을 지원받아 제작되었습니다.